HABLEMOS DE LA NO-MONOGAMIA

Preguntas e Iniciadores de Conversación para Parejas Explorando las Relaciones Abiertas, el Swinging o el Poliamor

¿Qué te prende *a ti*?

J.R. James

Serie Más Allá de las Sábanas

Libros 2

ISBN: 978-1-952328-23-7

AGRADECIMIENTOS

Me gustaría dar las gracias de todo corazón a nuestros fanáticos. La abrumadora popularidad de la serie *Hablemos de…* de libros de preguntas sexys ha sido increíble, y su éxito se lo debemos a ustedes, los lectores que desean tener más "sexy" en sus vidas. Muchas gracias. Que las conversaciones eróticas con sus cónyuges, parejas, amantes y amigos amplíen sus horizontes sexuales y esto los acerque más.

Enciende todavía más tu vida amorosa y explora todos los libros para parejas de J.R. James:

Libros de juegos sexis para parejas

¿Verdad o reto? Un juego sexi de elecciones traviesas (Edición caliente y salvaje).

Libros - Charlas atrevidas para parejas

Hablemos sexy: Iniciadores de conversación esenciales para explorar los deseos secretos de tu amante y transformar tu vida sexual.

Los **TRES** libros de preguntas sexis de *Hablemos de...* en un volumen enorme por un precio reducido. ¡Ahorra ya!

Hablemos de fantasías sexuales y deseos: Preguntas e iniciadores de conversación para parejas que explorar sus intereses sexuales.

Hablemos de la no-monogamia: Preguntas e iniciadores de conversación para parejas que exploran las relaciones abiertas, el intercambio de parejas o el poliamor.

Hablemos de fetiches y manías sexuales: preguntas e iniciadores de conversación para parejas que exploran su lado perverso y salvaje.

¡Cambia tu vida sexual para siempre a través del poder de la diversión sexi con tu cónyuge, pareja o amante!

Vacaciones sexis para parejas
https://geni.us/Passion

Sobre Qué Es Este Libro

Si estás leyendo este libro, seguramente tu pareja o tú están interesados en explorar el mundo de la no-monogamia. ¿Emocionante? Sí. ¿Da miedo? Un poco. Tal vez ya hayan incursionado en la apertura de su relación. Algunas parejas experimentan con tríos, y empiezan a considerar probar cosas más atrevidas. Tal vez ustedes nunca han intentado nada por el estilo, pero tienen curiosidad, aunque están un poco indecisos. ¿Qué se sentirá? ¿Cómo lo haremos? ¿Cómo podría funcionar para nosotros como pareja? La no-monogamia puede ser erótica, emocionante, confusa y, en ocasiones, lo crean o no, puede acercar a las parejas. Ya sea que estén interesados en salir casualmente con otras personas, intercambiar parejas o abrir su corazón a varias parejas románticas, este libro puede ayudarte a ti y a tu pareja a tener conversaciones importantes que deben de tener previamente.

Lo que nos lleva a la receta secreta que las parejas usan para navegar exitosamente las relaciones no-monógamas. Aquí está: COMUNICACIÓN y HONESTIDAD. Impactante, ¿verdad? ¿Quién lo hubiera adivinado? Muchas parejas creen que tienen buena comunicación, y tal vez sí la tienen, pero cuando se trata de explorar una nueva dirección para la relación, el problema está en que "no saben ni lo que no saben". Hay veces que las parejas no consideran todas las cosas que debieron haber discutido antes de abrir su relación. Esto puede provocar sentimientos heridos, celos o algo peor. Eviten estas caídas y usen este libro para tener esas discusiones tan necesarias.

Algunas de las preguntas son una exploración de lo erótico, otras son introspectivas, incluso hay otras que pueden ser de naturaleza logística. Al considerar un estilo de vida no-monógamo, las parejas siempre deben discutir sus esperanzas, límites, miedos y deseos para asegurar relaciones sanas y exitosas.

Para aquellos que no están familiarizados con el panorama no-monógamo, hay muchos términos que pueden surgir al discutir estos temas. Les daré una breve explicación de algunos de estos términos. *Para ser claros: Hay muchas variaciones y tipos de relaciones no-monógamas y, algunas veces, estas pueden sobreponerse, así que, por favor, tengan en cuenta que estoy generalizando por simplicidad.*

Relación Abierta – Es una relación en la que las dos personas están de acuerdo en que ambos pueden tener relaciones sexuales con otras personas.

Swinging- Una pareja que puede tener encuentros sexuales con otras parejas, individuos o grupos.

Poliamor- La práctica de participar en múltiples relaciones sexuales, intimas o románticas con el consentimiento de todos los involucrados.

El Estilo de Vida- Es un término generalizado comúnmente utilizado por swingers para hacer referencia a parejas que participan en algún tipo de relación o estilo de vida no-monógamo.

Ahora, tómense el tiempo necesario para que ambos puedan explorar cuidadosamente sus sentimientos y discutan estos iniciadores de conversación. Respondan las preguntas atentamente, y profundicen en ustedes mismos para poder imaginar cómo se sentirían en situaciones específicas. Lo más importante es ser honesto contigo mismo y con tu pareja.

¡Disfruten!

Lo Que Este Libro No Es

Este libro se creó para empujar los límites. Dicho esto, no está pensado para parejas ni individuos inseguros, ni para aquellos que puedan ser propensos a los celos.

Este libro no pretende reemplazar las discusiones terapéuticas y es únicamente para fines de entretenimiento. Si tu pareja y tú tienen problemas sexuales o relacionales, recomendamos ampliamente ir con un terapeuta marital o sexual.

No estamos recomendando ninguna de las cosas en este libro, ni alentamos ninguna acción o comportamiento que salgan del límite de confort de una persona. Además, no alentamos ni recomendamos ninguna práctica sexual insegura.

Esta no es una lista completa de cada tipo y variante de las relaciones no-monógamas. Algunas de estas preguntas se refieren a la no-monogamia en general y otras son más específicas de un nicho en particular, como el swinging o el poliamor. Esto es intencional. Puede que tú y tu pareja no sepan todavía qué es lo que están buscando exactamente y está bien. Para eso son estas preguntas: para ayudar a que lo descubran. Después de discutirlo, puede que noten que se inclinan más hacia un tipo que a otro. Lo que importa es que ambos estén en la misma página y sepan lo que es mejor para su relación. Estos son simples iniciadores de conversación que, con suerte, los llevará a discusiones más profundas. Así que, por favor, siéntanse libres de elaborar e improvisar en las preguntas. ;)

1

¿Es excitante ver a tu pareja coquetear con otras personas?

2

¿Alguna vez has pensado en alguien que no es tu pareja durante el sexo?

3

¿Qué opinas sobre los "pases de pasillo"? (Permiso temporal para acostarse con alguien más.)

4

¿Cuál es tu definición de una "relación abierta"?

5

¿Recuerdas alguna vez que te excitaste al ver a tu pareja interactuando con otra persona?

6

¿Qué es lo que más te interesa de la no-monogamia? ¿Por qué?

7

Si tuvieras que ver a tu pareja tener sexo con alguien más, ¿a quién elegirías y por qué?

8

¿Los celos pueden ser eróticos?

9

¿Cómo crees que funciona el swinging? ¿Qué opinas al respecto?

10

¿Consideras que puedes amar románticamente a más de una persona por igual?

11

Si nos mensajeamos o chateamos en línea con otras personas, ¿las conversaciones deben ser privadas o grupales?

12

¿Cómo te sentirías si intentara algo nuevo sexualmente con otra persona? Algo que nosotros nunca hemos probado.

13

Si alguien tuviera que vernos tener sexo, ¿a quién elegirías? ¿Te prende pensar en que alguien nos vea?

14

Si alguien de tu familia se enterara de esto, ¿qué crees que dirían?

15

¿Hay alguna acción física o sexual que debería ser reservada únicamente para nosotros?

16

¿Hay algo que siempre has querido probar con alguien más pero has dudado intentarlo conmigo?

17

Si tenemos sexo o relaciones íntimas con otras personas, ¿qué límites deberíamos establecer?

18
¿Cómo se quitan los celos?

19

Si hiciéramos intercambio de parejas con otra pareja, ¿preferirías que estuviéramos en la misma habitación o en habitaciones separadas?

20

¿Qué es algo que consideras especial para nosotros y solo nosotros?

21

Si hiciéramos swinging o intercambio de parejas, ¿a qué amigos imaginas uniéndose a nosotros en la cama?

22

¿Cuántos amantes son muchos amantes? ¿Existe tal cosa?

23

¿Preferirías ver a tu pareja juguetear con alguien del mismo sexo o del sexo opuesto?

24

Describe cómo coquetearías con alguien que no es tu pareja.

¿Cómo te gustaría que esa persona coqueteara contigo?

25

¿Qué opinas de sextear con otras personas?

26

¿Qué opinas sobre hacer un trío? ¿Preferirías que se uniera un hombre o una mujer?

27

¿Hay algo que consideres completamente "fuera de los límites"? ¿Por qué? ¿Habría forma de hacerte cambiar de opinión?

28

¿Alguna vez considerarías ir a un "club sexual"? Si es así, ¿te gustaría participar o solo "ver de qué se trata?

29

¿Cómo crees que la no-monogamia puede beneficiar nuestra relación?

30

¿Con qué frecuencia debemos hacernos pruebas de ITS (Infecciones de Transmisión Sexual)?

31

Completa el espacio en blanco: Me encantaría verte _____ con otra persona.

32

Describe, con lujo de detalles, cómo te gustaría que fuera tu primera experiencia no-monógama.

33

Una vez que seamos no-monógamos, ¿podríamos regresar a la monogamia? ¿Por qué sí o por qué no?

34

¿Qué haríamos si alguno de nosotros quisiera tomarse un descanso de la no-monogamia?

35

Si tuviera una novia o novio, ¿te gustaría conocerlos?

36

¿Considerarías participar en una orgía? Si es así, ¿cuáles serían los requisitos previos?

37

¿Alguna vez irías a una playa nudista o algún resort de vestimenta opcional? ¿Qué tal a un resort swinger friendly?

38

Si tuvieras que tener sexo con uno de tus ex, ¿con quién sería y por qué?

39

¿Reavivar una relación sexual con un ex debería estar fuera de los límites? ¿Por qué sí o por qué no?

40

¿Consideras que eres una persona posesiva?

41

¿Qué es más íntimo, una conexión emocional o una sexual?

42

Si tuviéramos una cita con otra pareja, ¿cómo describirías una noche perfecta con ellos?

43

¿Alguna vez has fantaseado con alguien que ambos conocemos?

44

¿Podemos acostarnos con amigos en común?

45

¿Qué te interesa más, jugar con otras parejas, individuos o grupos?

46

¿Alguna vez te masturbas pensando en alguien del trabajo, la escuela u otro lugar?

47

¿Estás buscando desarrollar relaciones a largo plazo o solo disfrutar de sexo casual?

48

¿Cómo planeas conocer a otras personas?

49

¿Cuáles son los riesgos para nuestra relación?

50

¿Crees que el romance debe ser solo entre nosotros, o deberíamos compartirlo con los demás?

51

¿Qué tan importante es reconectarnos después de un encuentro sexual con otra persona?

52

*¿Te gustaría ver a otra
pareja tener sexo?
¿Hay alguien específico que
tengas en mente?*

53

¿Cómo te sentirías teniendo sexo frente a un grupo de personas?

54

*Si tuviera un cita a solas
con otra persona, ¿te
gustaría escuchar todos los
detalles?
Y si tuviéramos sexo,
¿quisieras saber todo al
respecto?*

55

¿Hay alguna parte de una relación sexual con otra persona que debamos mantener en privado?

56

¿Qué te parece más atractivo: las relaciones abiertas, el swinging o el poliamor? ¿Por qué?

57

¿Disfrutas ver que alguien más me dé placer? Si es así, describe una situación erótica que te gustaría ver.

58

¿Qué opinas de que un amante comparta nuestra cama?

59

Completa el espacio en blanco: Nunca quisiera verte _____ con otra persona.

60

Si fuera sexualmente activo con otra persona, ¿te importaría su género?

61

De todas tus parejas sexuales (excluyendo a tu pareja actual), ¿quién fue la mejor y por qué? ¿Te gustaría tener la oportunidad de tener sexo con ellos otra vez?

62

¿Qué preferirías, verme en una intensa sesión de besos frente a ti o escucharme tener sexo salvaje y ruidoso detrás de la puerta?

63

¿Cuánto tiempo a la semana deberíamos pasar con otras personas y cuánto solo nosotros dos?

64

¿Cuál sería un problema potencial o "punto débil" para nosotros si elegimos la vida no-monógama?

65

¿Hay algún amigo de confianza con el que podríamos hablar libremente al respecto? ¿Hay alguien que no quisiéramos que supiera?

66

¿Cuál es uno de mis atributos físicos o talentos sexuales que otros deberían poder disfrutar?

67

*¿Cuál es uno de mis rasgos
emocionales que otros
deberían poder disfrutar?*

68

Si tuviéramos que pausar otras relaciones íntimas fuera de la nuestra, ¿cómo te sentirías al respecto?

69

¿Te considerarías una persona celosa? ¿Qué puedes hacer para disminuir los celos?

70

¿Qué es algo que hago que te hace sentir especial o amado? ¿Cómo te sentirías si hiciera eso con alguien más?

71

¿Qué opinas de tener un período de prueba para que intentemos la no-monogamia?

72

¿Cómo te sentirías si me fuera de viaje por varios días con otro amante?

73

¿Hay algún miedo que tengas de probar la no-monogamia?

74

Algunas personas consideran que hay cosas más íntimas que el coito, como besarse.
Para ti, ¿qué es lo más íntimo?

75

¿Qué tipo de protección deberíamos utilizar en encuentros fuera de nuestra relación?
¿Cambiaría si es una relación estable a si es una aventura de una noche?

76

¿Qué es preferible para nosotros como pareja, las aventuras de una noche o una relación sexual larga y continua?

77

Si lastimara tus sentimientos accidentalmente, ¿qué podría hacer para corregir la situación?

78

Si estamos con otra pareja y en medio de una situación sexual nos sentimos incómodos, ¿deberíamos tener una "palabra clave"? Si es así, ¿cuál debería ser?

79

¿Qué pensarías si llegara a tener sentimientos románticos por una pareja sexual?

80

¿Cuánto es el tiempo mínimo que debes conocer a una persona antes de acostarte con ella?

81

¿Cómo te sentirías si pasara la noche en casa de un amante?

82

¿Hay algún momento especial o días festivos que siempre deberíamos pasar juntos solo tú y yo?

83

Si aplica, ¿cómo manejaríamos un embarazo inesperado?

84

¿Deberíamos tener algún límite de tiempo para las relaciones eróticas con otras personas?

85

¿Cómo te sentirías si me involucrara sexualmente con alguien de mi trabajo?

86

Si tuviéramos una cita con otra pareja, y uno de nosotros sintiera atracción pero el otro no, ¿cómo manejaríamos la situación? ¿Uno de nosotros tendría que "sacrificarse" y proceder con el encuentro sexual?

87

Si estuviera saliendo con otra persona, ¿cuánto es el tiempo máximo que tú y yo deberíamos pasar separados?

88

Describe la diferencia entre "engañar" y "no-monogamia previamente acordada".

89

¿Cómo te sentirías si hago un comentario sobre el atractivo de alguien?

90

¿Hay alguna actividad sexual en las relaciones con otras personas que esté fuera de los límites?

91

¿Cómo te sentirías si me atrajera alguien que no se parece a ti ni actúa como tú?

92

Si tuviéramos que "juguetear" con otra pareja, ¿cómo sería? ¿Solo besos y caricias? ¿Sexo oral? ¿O un intercambio más intenso y caliente?

93

¿Te atrae alguno de mis amigos? Si tuvieras la oportunidad y mi consentimiento, ¿te gustaría tener sexo con alguno de ellos?

94

¿Qué lleva a sexo más caliente, el romance o la energía erótica?

95

¿Cómo te sentirías si trajera a un amante a la casa? ¿Y si pasara la noche en la casa?

96

Si estamos en medio de un encuentro sexual con otras personas, ¿cómo podríamos asegurarnos de que ambos estamos cómodos?

97

Si estamos saliendo con otras personas, ¿cómo podemos crear y mantener un espacio para nuestra relación?

98

¿Dirías que estás más nervioso, preocupado o emocionado de probar la no-monogamia?

99

¿Hay algún tipo de persona en particular con la que te gustaría verme o que crees que encajaría bien con mi personalidad?

100

¿Hay algún apodo que solo deberíamos usar entre nosotros?

101

¿Qué pasa si alguien nos coquetea o nos hace una propuesta sexual, pero no hemos tenido la oportunidad de discutirlo entre nosotros? ¿Actuamos en el momento?

102

¿Cómo te sentirías al ver un video de mí teniendo sexo con otra persona? Si te gusta la idea, ¿qué tipo de cosas te gustaría ver?

103

Si tenemos relaciones eróticas con otras personas, ¿qué es lo más importante que tenemos que hacer para mantener la confianza en nuestra relación?

104

¿Qué pensarías si tuviera sexo con un completo desconocido?

105

¿Quieres escuchar todos los detalles sucios de cualquier encuentro sexual fuera de nuestra relación o prefieres no escucharlos?

106

¿Hay alguna persona(s) en específico que sabemos que debe estar fuera de los límites sexuales? ¿Alguien que te haría sentir incómodo?

107

*Sobre todo lo demás,
¿qué es algo que te gustaría
que hiciera para que te
sientas más cómodo
explorando la no-
monogamia?*

Enciende todavía más tu vida amorosa y explora todos los libros para parejas de J.R. James:

Libros de juegos sexis para parejas

¿Verdad o reto? Un juego sexi de elecciones traviesas (Edición caliente y salvaje).

Libros - Charlas atrevidas para parejas

Hablemos sexy: Iniciadores de conversación esenciales para explorar los deseos secretos de tu amante y transformar tu vida sexual.

Los **TRES** libros de preguntas sexis de *Hablemos de...* en un volumen enorme por un precio reducido. ¡Ahorra ya!

Hablemos de fantasías sexuales y deseos: Preguntas e iniciadores de conversación para parejas que explorar sus intereses sexuales.

Hablemos de la no-monogamia: Preguntas e iniciadores de conversación para parejas que exploran las relaciones abiertas, el intercambio de parejas o el poliamor.

Hablemos de fetiches y manías sexuales: preguntas e iniciadores de conversación para parejas que exploran su lado perverso y salvaje.

¡Cambia tu vida sexual para siempre a través del poder de la diversión sexi con tu cónyuge, pareja o amante!

Vacaciones sexis para parejas

https://geni.us/Passion

SOBRE EL AUTOR

J.R. James sabe que las conversaciones sexys con tu pareja son una experiencia de vinculación mágica. Sus libros de preguntas *best-sellers* incitan a las parejas a tener discusiones sexuales honestas y abiertas. El resultado es una relación cargada de erotismo y sexualmente liberadora.

www.ingramcontent.com/pod-product-compliance
Lightning Source LLC
Chambersburg PA
CBHW071235020426
42333CB00015B/1476